VINGT PAGES A LIRE

OU

LA QUESTION CHEVALINE

SIMPLIFIÉE,

PAR

M. LE LIEUTENANT-GÉNÉRAL Cte A. DE GIRARDIN,

ET

LE MARQUIS DE **TORCY**,

Membre du Conseil-Général d'Agriculture.

La controverse et la publicité sont de bonnes choses,
et la raison finit toujours par avoir raison.

PARIS,

IMPRIMERIE DES ARTS AGRICOLES.

BUREAU, successeur d'Everat, rue Coquillière, n. 22.

1843.

VINGT PAGES A LIRE

OU

LA QUESTION CHEVALINE SIMPLIFIÉE.

On a beaucoup écrit sur la question chevaline, cependant la question chevaline n'est pas jugée ; nous dirons plus, elle n'est pas encore assez éclairée.

Nous ne venons pas ajouter aux traités publiés sur la matière, un traité nouveau ; nous serons sobres de paroles et ménagers du temps, car la tâche des hommes consciencieux qui croiront devoir étudier tout ce qui a été imprimé, nous paraît suffisamment laborieuse, et nous voulons être lus même par ceux qui ne lisent guère.

Il s'agit donc pour nous de simplifier la question, et de la circonscrire, pour arriver promptement à une solution.

§ I.

Les écrivains engagés dans le débat, se sont placés presque tous à un point de vue particulier ; de là nul accord entre eux. Chez les uns il y a trop de choses, chez les autres trop peu ; ce qui manque, c'est une idée générale, une donnée première.

On a traité toutes les questions à propos d'une seule.

S'agit-il des haras ? les uns, les voudraient militaires ; les autres, royaux ; ceux-ci n'en veulent d'aucune espèce, ceux-là songent à les restaurer. Quelqu'un a démandé 6,000 étalons pur-sang ; un autre 8,000 poulinières. Quant aux millions qu'il en couterait, personne ne les compte. « *De minimis non curat prœtor.* »

Parle-t-on de l'armée ? le désaccord est aussi grand.

Celui-ci, confie les remontes à l'industrie privée, appelle la libre concurrence et réclame l'achat par les régiments.

Celui-là, organise administration sur administrations, dépôt sur dépôts. Il se fait à la fois étalonnier, marchand, éleveur, rien ne l'arrête.

D'autres enfin, proposent une conscription chevaline et procèdent par réquisitions.

Chacun cependant vante la supériorité de son système et l'excellence de sa méthode.

Comment se reconnaître au milieu de cette discordance de voix, de cette mêlée de projets ? l'opinion publique hésite incertaine, ou se défie de tout ce qui est proposé, et par prudence croit devoir s'en tenir à ce qui est, sans chercher à l'améliorer.

« Pourquoi (demanderons-nous aux faiseurs de « projets), ne parlez-vous point de ce qui nous manque, « avant de dire ce que vous offrez ? Faites connaître le « mal, le remède deviendra plus facile à trouver. »

C'est donc le mal qu'il faut signaler ; jusque là la question n'est point posée et l'opinion erre à l'aventure.

§ II.

Notre richesse chevaline, d'après la statistique officielle de 1840, est de . . . . 2,818,496 têtes.

Pour l'entretien et le remplacement au douzième (1) de ces. 2,818,496

Nous avons un nombre annuel de . . . . 234,874 poulains.

Voilà nos ressources pour ainsi dire en capital et en reproduction : Ces ressources doivent satisfaire aux demandes de deux consommateurs, le *Commerce* et l'*Armée* (2).

Si la production chevaline ne répond pas aux besoins du commerce, nous sommes dans une position anormale ; cette position doit fixer l'attention du gouvernement et attirer sa sollicitude, car la France peut et doit fournir le nombre de chevaux nécessaire à sa consommation. Il ne faut point qu'elle porte ses millions à l'étranger pour payer ce que le sol peut lui fournir : « *Quod longè quæris tua terra dabit.* »

Ce n'est là cependant qu'une question économique, une question de perte ou de gain qui doit préoccuper l'administration supérieure, mais qui n'est point de nature à inquiéter l'opinion publique.

Si la production chevaline ne satisfait point aux exigences de l'armée, la question arrive à une tout autre importance, elle devient primordiale, car elle

(1) La France est la seule puissance qui remplace au 12me, l'Allemagne le fait au 18me, l'Angleterre au 25me, l'Arabie au 35me, ces différences proviennent de la dégénération dans les races, de l'excès du travail et du manque de soins.

(2) Le luxe est compris dans le commerce dont il forme une branche.

touche à l'indépendance nationale, et peut, dans une circonstance donnée, devenir une question de vie ou de mort pour le pays.

Il s'agit donc de constater si la production chevaline satisfait aux besoins de l'armée.

Les besoins de l'armée sont de deux natures, et varient suivant son organisation.

Le pied de paix établit les besoins ordinaires.

Le pied de guerre, les besoins extraordinaires.

Si l'on veut que l'indépendance nationale soit assurée, il faut que la France trouve en elle même, non seulement les ressources nécessaires au pied de paix, mais aussi, et a plus forte raison, les ressources exigées par le pied de guerre.

Pour reconnaître s'il en est ainsi, trois points sont à examiner.

La production chevaline en France, suffit-elle aux demandes réunies du commerce et de l'armée?

Suffit-elle aux besoins ordinaires de l'armée?

Suffit-elle aux besoins extraordinaires?

Malgré son importance, la première question est incidentelle dans le débat, elle tend seulement à résoudre les deux autres, et surtout la dernière qui, pour nous, est la véritable et unique question : celle dont la solution sert de base à toute notre argumentation.

1° *La production chevaline en France suffit-elle aux demandes réunies du commerce et de l'armée?*

La négative semble constatée par les tableaux de la douane pour l'importation et l'exportation.

Ces tableaux nous donnent les résultats suivants

pour les vingt années commençant au 1er janvier 1823
et finissant au 31 décembre 1842 :

Chiffre total des importations . . 404,211

Chiffre total des exportations . . 86,133

Différence en plus pour les importations, et contre la France. . . . 318,078

Ou en moyenne, par année. . . . 15,904(1).

(1) Quelques personnes, préoccupées des années 1840 et 1841, pendant lesquelles les remontes ont fait des achats importants à l'étranger, pensent que l'importation est plus considérable, peu nous importe.

L'avantage de notre raisonnement est de pouvoir (quoiqu'il soit fondé sur un calcul) marcher indépendamment des chiffres, qui sont toujours plus ou moins contestables, suivant les bases adoptées par chacun. La discussion survenue entre M. le général Oudinot et le Comice hippique en est la meilleure preuve.

Le Comice s'est fondé sur la moyenne des demandes de l'administration de la guerre pendant les dix dernières années, moyenne qui pour la cavalerie, l'artillerie et le train des équipages s'est élevée à 4,449 chevaux, pour dire qu'il fallait *environ* 5,000 chevaux *de selle* à l'armée ; tandis que M. le général Oudinot s'appuyant uniquement sur le budget de 1843 a soutenu qu'il en fallait 7,000.

Le Comice prenant le chiffre total du chapitre de *la remonte générale*, a dit que la dépense pour cet objet était de 5,812,193 fr., et M. le général Oudinot, ayant lui, séparé la somme allouée pour l'Afrique, de la somme accordée pour la France, a soutenu que cette dépense était seulement de 5,089,271.

Le Comice a porté le prix moyen du cheval de troupe à 550 fr., d'après le dire de M. le maréchal, ministre de la guerre, qui lui-même, l'estimait à 500 fr., tandis que M. le général Oudinot conteste ce chiffre, et attaque encore sur ce fait l'exactitude du Comice.

On voit par ces exemples combien une argumentation, qui ne repose que sur des chiffres, offre peu de certitude, alors même que ces chiffres sont présentés avec sincérité.

Revenons au chiffre même des importations ; nous admettons ce chiffre, parce qu'il est authentique, parce que l'on pourrait nous l'opposer ; mais nous sommes loin de lui accorder plus d'importance et de valeur qu'il n'en a effectivement. Notre opinion personnelle et consciencieuse est plutôt en concordance avec celle de M. Royer, et nous joignons ici un extrait de son excellent ouvrage de l'*Administration des richesses de la France* qui contient des données nouvelles et d'une grande valeur dans la question.

2° *La production suffit-elle aux besoins ordinaires de
de l'armée ?*

Quelques-uns l'affirment, l'administration de la
guerre le conteste.

Nous sommes pour l'affirmative, parce que la guerre
ayant acheté en France plus de 9,000 chevaux, en
1838 et 1840, nous ne comprenons pas qu'elle ne
puisse aujourd'hui en trouver 7,000. Cependant nous
ne prendrons point parti dans le débat; car du moment
où nous voulons le circonscrire et le réduire à une
seule question, cela devient inutile.

3° *Suffit-elle aux besoins extraordinaires ?*

Pour répondre à cette question, examinons les faits.

Le pied de paix, voté chaque année par les chambres législatives, est nécessairement mobile ; il établit
les besoins ordinaires de l'armée.

Ces besoins varient de 4 à 10,000 chevaux environ.
(voir aux différents budgets le chiffre de la remonte générale depuis 10 ans.)

Le pied de guerre est le fait des circonstances, il
constitue, ainsi que nous l'avons dit, les besoins extraordinaires.

Le chiffre des besoins extraordinaires est donc le
chiffre de la différence existant, entre le pied de paix et
le pied de guerre.

Ainsi, en admettant que le pied de paix de nos troupes
montées, soit aujourd'hui de. . . . 65,000 chevaux.

Si demain il devenait nécessaire de
nous organiser sur le pied de guerre,
en supposant que notre armée fut
de 400,000 hommes d'infanterie, la

cavalerie devant être, d'après les
règles de la guerre, du quart en
hommes et du cinquième en chevaux,
il en résulte qu'il faudrait :

Pour la cavalerie. . . 80,000
    L'artillerie. . . 40,000
    Les états-majors et
      équipages. . . 30,000 } 225,000
plus, 1⟋2 cheval de rem-
      placement. . . 75,000

La différence entre 65,000 et
225,000 étant de 160,000.

Les besoins extraordinaires de l'armée, pour nos troupes montées, seraient de. . . . . 160,000 id.

La question consiste donc à trouver ces 160,000
chevaux, au moment où il serait nécessaire de se
les procurer ; tel est le problème à résoudre.

En effet, les états-majors, la cavalerie, l'artillerie,
le train des équipages doivent, comme l'infanterie, pouvoir passer, à l'heure du danger, du pied de paix au pied
de guerre. Mais cette transition présente, pour les troupes à cheval, une grande complication, parce qu'elles
ont un double effectif ; effectif en hommes, effectif en
chevaux.

Pour les hommes, point de difficulté ; la population
est la réserve de l'armée : la patrie appelle ses enfants,
et bientôt elle a des soldats.

Mais les chevaux, où les prendre, où les trouver ?

Ce ne peut être dans l'excédant de la production.

Ce ne sera pas chez nos voisins ; car ces voisins sont
peut-être nos ennemis : exemple 1840.

Il faut donc forcément recourir à la portion de notre population chevaline consacrée aux travaux agricoles, au roulage et aux différents usages de l'industrie.

Si l'espèce chevaline était en France ce qu'elle est en Allemagne, c'est-à-dire susceptible d'être appliquée presque indifféremment aux divers services, nous y trouverions les chevaux de guerre, comme on trouve les soldats dans la population.

Nous aurions là une immense réserve ; il ne s'agirait plus que de développer notre production et de la mettre au niveau de notre consommation.

Telle n'est pas notre position.

Sous la république et l'empire, le pays a été épuisé par les guerres et les réquisitions.

Nous avons perdu dans de désastreuses campagnes les types précieux de nos anciennes races.

Sur 100,000 chevaux environ qui franchirent le Niémen en 1812, 5,000 à peine le repassèrent.

Aussi en 1814, moins de 18,000 juments étaient amenées aux étalons des haras, les seuls, pour ainsi dire, qui fussent en France à cette époque.

Si l'on retranche de ces 18,000 juments celles destinées aux étalons de trait (les haras en possédaient alors), puis, celles impropres à donner de bons produits; l'on appréciera les faibles et véritables ressources de la production.

On comprendra dès-lors quelle voie elle a dû suivre, dans un moment où le mauvais entretien des routes, l'ignorance et la misère des agriculteurs, en un mot toutes les calamités de l'époque, provoquaient le développement des races communes et abâtardies.

Ce fâcheux état de choses a été sensiblement amélioré par une longue paix, nous devons le reconnaître ; mais la direction alors imprimée par des circonstances qui n'existent plus, est restée la même ; et elle est mauvaise, en ce sens, qu'elle nous éloigne du but où nous devons tendre.

En effet, il y a augmentation et amélioration sensibles dans la production chevaline indigène ; mais les conditions favorables qui ont occasionné cette augmentation et cette amélioration, ayant été faites par les différentes industries que la paix a développées et qui relèvent du commerce, ces conditions ont dû dès lors être circonscrites aux races que l'industrie emploie presque exclusivement, les seules que le commerce réclamât.

De là le développement de la production des races de trait ; de là leur amélioration, nous pourrions dire leur supériorité, supériorité dont on abuse aujourd'hui en exigeant d'elles une rapidité de locomotion à laquelle elles ne sont point appropriées.

Quoi qu'il en soit, l'état présent des choses est tel, « que la race des chevaux de trait s'est multipliée dans « le pays au point de devenir le type à peu près unique « du cheval français, et d'absorber la presque totalité « des naissances, aux dépens des chevaux de luxe et de « guerre. (1) »

Dés lors notre espèce chevaline ne peut nous offrir cette réserve qui nous est nécessaire, qui nous est indispensable au moment du danger, pour faire passer nos troupes à cheval du pied de paix au pied de guerre ;

(1) Discours de M. de la Bourdonnaye à la Chambre des députés.

cette réserve à laquelle il faut que nous puissions demander au moins 160,000 chevaux, le jour où nous voudrons avoir une armée.

Nous devons donc reconnaître « *que la production chevaline de la France ne suffit point aux besoins extraordinaires de l'armée.* »

Ce fait, malheureusement trop évident, n'est contesté par personne ; mais on craint de s'en occuper, et l'on s'effraie plus encore des difficultés, que du fait en lui-même ; car sans cela on aborderait franchement la question, et l'on trouverait le remède au mal.

En effet, soyons logiques, une fois au moins.

Si nous ne possédons pas en France, pour nos troupes à cheval, les ressources du pied de guerre ; si ces ressources existent chez les puissances voisines, qui ont une race chevaline pour ainsi dire homogène et appropriée aux différents services de l'armée, nous sommes vis-à-vis d'elles dans un état d'infériorité.

Cet état d'infériorité peut compromettre notre indépendance, et influe, sans aucun doute, sur notre position vis-à-vis de l'Europe.

Pouvons-nous rester dans cet état d'infériorité ?

Non, évidemment, il n'y a qu'une voix sur ce point ; et il faut tout faire pour en sortir.

§ III.

Ce que nous avons à faire, est-il donc si difficile, que l'on s'en éloigne à dessein ; ou les idées de quelques-uns pourraient-elles s'égarer à ce point, qu'ils crussent arriver, par les moyens qu'ils indiquent, au but où nous devons tendre ?

Nous ne savons à quelle supposition nous arrêter, car ce but ne peut être douteux pour personne.

Sans doute, dans l'état actuel des choses, nous devons entreprendre de *modifier notre production chevaline* (ce qui serait l'améliorer), *et chercher à l'augmenter.*

En présence d'une impérieuse nécessité, il ne peut exister de désaccord sur le résultat que l'on doit se proposer, mais seulement sur les moyens d'arriver à ce résultat.

Ces moyens quels sont-ils, suivant nos adversaires ?

1° La réunion des haras royaux, au ministère de la guerre ;

2° Des dépôts de remontes ;

3° Des dépôts de poulains au compte de l'Etat ;

4° Des augmentations graduelles dans le prix des chevaux de remonte.

Nous allons rapidement examiner ce système, ensuite nous présenterons le nôtre.

§ IV.

Des hommes haut placés dans la hiérarchie militaire sont tombés, au sujet des haras, dans une étrange erreur. En les accusant d'impuissance, ils leur ont supposé une importance plus grande que celle qu'ils ont effectivement, et une force d'action qu'ils sont loin de posséder.

Ce qu'il y a de singulier, c'est que ces erreurs ont servi de base à d'injustes reproches dont l'administration des haras ne pourra jamais se disculper entièrement, tant ils ont été formulés avec assurance et adoptés avec légèreté.

A l'heure qu'il est, bien des gens en France croient fermement que si nous manquons de chevaux, la faute en est aux haras ; comme si les haras avaient mission de produire, et de satisfaire à la consommation.

Il est temps de redresser ces idées.

Le rôle des haras n'est point ce que l'on suppose : ce rôle très restreint est moins actif.

Les haras ne doivent intervenir dans la production que par leur action amélioratrice, et cette action amélioratrice elle-même a besoin du concours actif des producteurs ; sans cela, elle demeure inerte ; son résultat est nul ou peu sensible.

En effet, les haras, militaires ou non, ne peuvent avoir d'influence sur la production, qu'autant qu'ils sont en rapport avec les besoins du pays ; car la production se règle toujours sur ces mêmes besoins, c'est-à-dire, sur la consommation ; or, la consommation réclame à tort ou à raison, le cheval lourd, le gros cheval.

Les haras ne font point ce genre de cheval, et dès lors ils n'exercent pas, ou du moins il n'exercent que bien peu d'influence sur la production.

Les chiffres viennent à l'appui de ce que nous avançons.

Les haras royaux possèdent seulement 905 étalons ; ce nombre paraît au premier abord bien faible pour notre population chevaline ; par le fait, il est suffisant ; puisque chaque cheval ne reçoit que son contingent de juments. Depuis une dizaine d'années la moyenne des saillies des étalons royaux varie de 30 à 40 ; tandis que les étalons Percherons et Bretons effectuent un nombre de saillies double et triple.

Le fait est constant pour nous et pour les personnes qui habitent la campagne et s'occupent pratiquement de l'élève du cheval. Il est prouvé pour tous, par les bénéfices que réalisent les étalonniers et par le nombre toujours croissant des étalons rouleurs (1).

Les choses ont bien changé, depuis l'époque où M. le duc d'Escars croyait devoir réclamer pour les haras, 4,000 étalons. En l'absence des juments, ces étalons seraient aujourd'hui tristement inoccupés dans leurs écuries, et dès lors complétement inutiles.

Lorsque les partisans du ministère de la guerre veulent envahir l'administration des haras, pour la réorganiser fortement, et multiplier jusqu'à 6,000 les producteurs *pur-sang*; ils rêvent l'impossible, et font un anachronisme déplorable.

Tout indique que le temps de l'industrie particulière arrive, il serait malentendu de lutter avec elle; mais il faut la diriger dans un sens différent de celui qu'elle suit aujourd'hui; plus tard, lorsqu'elle sera dans la voie désirable, les haras devront se retirer devant elle, et lui laisser le champ libre.

Ce n'est donc pas au moyen des haras que l'on peut tout d'abord modifier la production, l'améliorer et la développer.

Est-ce au moyen des dépôts de remonte?

Pas davantage; car depuis 1825, date de leur première formation; depuis 1831, époque de leur orga-

---

(1) Nous connaissons tel cheval Percheron, taré, trottant mal, enfin généralement inférieur, qui a fait l'an dernier 133 saillies, et cela, dans la circonscription de la station d'étalons du Haras du Pin.

nisation, jusqu'en 1841 ; le nombre des chevaux propres à la cavalerie a diminué d'une manière sensible, si l'on s'en rapporte aux plaintes de l'administration de la guerre.

Il serait superflu de nous arrêter à prouver que les dépôts de remontes n'ont pas eu sur la production une action satisfaisante. L'administration de la guerre le reconnaît elle-même implicitement, puisqu'elle a cru devoir recourir à la création de dépôts de poulains. Cette création est la reconnaissance tacite la plus évidente de l'impuissance des dépôts de remonte. La discussion devient inutile, en présence de cette nouvelle mesure.

Mais cette nouvelle mesure elle-même a été jugée et condamnée par les Chambres ; nous le répétons, quoique le fait ait été contesté (1).

Elle a été condamnée et elle devait l'être, car, ainsi que l'a fort bien dit M. de Dombasle, économiste aussi distingué, qu'habile agriculteur :

« Par ses dépôts de remontes considérés comme ache-
» vant l'élevage, le gouvernement perd quelques cen-
» taines de francs par cheval. S'il veut élever des pou-
» lains il perd un millier de francs. S'il veut les pro-
» duire de toutes pièces il perdra plusieurs milliers de
» francs. *Dans tout ceci, moins le gouvernement est pro-
» ducteur, moins il perd.* »

---

(1) Nous invitons nos contradicteurs à prendre une connaissance plus approfondie des actes de la Chambre des députés en 1842, du rapport qui fut fait à cette époque et de celui plus récent, de la commission du budget pour 1844 ; c'est pour nous le meilleur moyen de les convaincre de l'exactitude de nos citations. Afin de leur éviter des recherches, nous joindrons à cette brochure l'extrait de ce rapport. (Voyez page 27).

Suffira-t-il enfin d'augmentations *graduelles* dans le prix d'achat des chevaux de remontes, pour modifier la production, l'améliorer et la développer?

L'expérience a prononcé. On a fait sur les tarifs des augmentations graduelles qui ont sucessivement élevé d'une centaine de francs environ, le prix des chevaux de troupes, et cependant le cultivateur ne se montre pas plus empressé d'en produire. C'est qu'en effet, ces augmentations *graduelles* ne peuvent avoir aucune influence efficace sur la production.

Comme on a beaucoup insisté sur les prix payés et que quelques personnes ont cru voir la solution du problème dans l'élévation des tarifs, nous nous réservons de traiter plus loin cette question; mais nous croyons devoir établir, dès à présent, une distinction indispensable pour mieux expliquer notre pensée.

Quelques dizaines de francs ajoutées aux tarifs, ne peuvent produire aucun effet. Si, par exemple, la guerre disait aujourd'hui que le cheval payé 500 fr. en 1843, sera payé 520 fr. en 1845 et 46, cette augmentation ne stimulerait nullement la production du cheval léger. Mais si l'augmentation était beaucoup plus forte; si l'on portait à 750 fr. le prix du cheval que l'on paye aujourd'hui 500, nous croyons que ce serait à la fois une économie pour l'état qui aurait ainsi de meilleurs chevaux, et un grand encouragement pour les producteurs.

A cet égard nous ne saurions trop nous étonner des opinions émises sur ce sujet, par un honorable général.

Comment peut-il dire? « Le prix actuel est d'ail-« leurs en rapport avec la valeur réelle des chevaux,

« et si on se décidait à l'élever subitement dans une
« trop forte proportion, *on encouragerait la médiocrité*,
« on augmenterait, sans compensation, les charges pu-
« bliques ; l'armée paierait plus cher les mêmes che-
« vaux qu'elle admet aujourd'hui dans ses rangs, *mais*
« *elle n'accroîtrait pas, elle n'améliorerait pas la pro-*
« *duction.* »

Les notions économiques les plus simples, enseignent que le bénéfice est le premier élément de la production et le meilleur encouragement à l'amélioration.

Puis, comment peut-on se débattre sur les augmentations à accorder, alors que M. le ministre de la guerre a déclaré à la tribune que : « *S'il s'agissait de payer le* « *prix de revient* aux propriétaires, au lieu de procéder « dans la proportion qui a été suivie jusqu'à présent, « sur un terme moyen de 500 fr. il faudrait l'augmen- « ter de moitié au moins !.... »

Une augmentation capitale sur le prix des chevaux de troupes nous semblerait donc une mesure judicieuse et utile, mais on n'aurait encore résolu que la moitié du problème, ainsi que nous le démontrerons bientôt.

En résumé, ni l'extension des haras et leur réunion au ministère de la guerre,

Ni le maintien des dépôts de remontes,

Ni l'établissement des dépôts de poulains.

Ni les augmentations *graduelles* auxquelles on s'est borné jusqu'à ce jour ne peuvent amener au résultat qu'il est urgent d'obtenir.

On voit combien le système développé avec tant de complaisance, prôné avec tant d'emphase par les organes de l'administration de la guerre, repose sur des bases peu solides; combien il répond peu aux nécessités de notre organisation militaire, c'est-à-dire au besoin d'une réserve : et combien il est insuffisant, quand il s'agit de la transition difficile du pied de paix au pied de guerre.

En effet, pourquoi donner un plus grand développement aux haras, si les haras, tels qu'ils existent aujourd'hui, répondent aux besoins du moment et satisfont aux demandes de la production.

Pourquoi acheter à grands frais ces étalons anglais et Nedjid, si le pays ne veut que des percherons?

A quoi bon ces augmentations timides dans vos tarifs, quand le commerce offre aux producteurs des prix supérieurs aux vôtres, et une vente plus sûre et plus facile?

Pourquoi ces dépôts de remontes, puisque vous êtes obligé de recourir aux dépôts de poulains?

A quoi bon ces dépôts de poulains, puisque la difficulté n'est point de satisfaire aux demandes ordinaires de la paix, mais de parer aux exigences extraordinaires de la guerre.

Il est temps de franchir ce cercle rétréci d'idées, car il est facile de reconnaître, après avoir apprécié les moyens proposés, qu'ils sont insignifiants, et que, *c'est seulement en agissant sur la généralité de l'espèce chevaline en France, que l'on pourra obtenir le résultat demandé.*

C'est là notre système, et ce système est le seul qui puisse être réellement efficace.

S. IV.

Pour agir sur la généralité de l'espèce, il faut changer les conditions de la production et les conditions du travail; faire que les unes soient plus faciles, les autres plus avantageuses; en un mot, il faut modifier les institutions, pour arriver par elles à modifier nos races.

C'est, on le voit, prendre les choses par la base, c'est là précisément aussi ce qui effraie beaucoup d'esprits.

La tâche est-elle donc cependant si difficile qu'on ne puisse l'entreprendre; et si l'on consent à l'entreprendre, est-il vrai qu'il faille un siècle pour la réaliser, ainsi que l'on a bien voulu le dire?

Il suffit pour se convaincre de la puérilité de cette objection, de descendre un peu dans la pratique; de voir ce qui était, en 1814, ce qui est aujourd'hui, et ce qui reste à faire.

A la suite de guerres longues et malheureuses, par le fait de l'ignorance et de l'incurie, par les conséquences d'un travail exagéré, l'espèce chevaline a été abâtardie en France.

Postérieurement, lorsque la paix a permis à la production de se développer, le développement simultané de nombreuses industries a fait naître des demandes nombreuses de chevaux de trait, demandes si nombreuses que la production a peine à y satisfaire.

Dans cette position, le producteur a été nécessairement entraîné à faire ce qui lui était demandé, et jusqu'à présent, il s'est moins agi pour lui de produire bien, que de produire beaucoup : il en devait être ainsi.

Cependant cette active demande a déjà occasionné une amélioration naturelle, et nous mène à ce qui doit être.

Les acheteurs se montrent plus exigeants; en continuant à prendre de gros chevaux, des chevaux de trait, ils demandent de rapides allures.

Une civilisation plus avancée a fait naître des besoins nouveaux; on veut aujourd'hui rapprocher les distances par la célérité des transports, et l'on exige de nos races actuelles plus qu'elles ne peuvent faire : les hommes pratiques, les entrepreneurs de voitures, les maîtres de poste proclament la vérité de ce fait.

Le besoin d'un cheval plus léger se fait donc sentir pour beaucoup de services : « Ce cheval léger, qui ne « serait pas, ainsi que beaucoup de personnes l'ont cru, « un cheval mince (une ficelle, suivant l'expression « vulgaire), *doit allier à une forte structure*, la légèreté « d'allure qui le rendrait propre à tous les services, « et convenable à la fois pour l'agriculture, le roulage « accéléré (1), le luxe et l'armée. »

Ce cheval léger, que l'on obtiendra par les croisements successifs du cheval demi-sang et pur-sang, avec de bonnes juments (fussent-elles même de trait), n'est point un être imaginaire; mais il faut reconnaître qu'il est peu répandu en France et qu'il n'y existe qu'à l'état d'exception.

La raison en est bien simple, nous l'avons dite; l'é-

___

(1) Nous entendons par le *roulage accéléré* le service de la poste et des messageries.

leveur dans les circonstances présentes trouve plus de difficultés et moins d'avantage à produire le cheval léger.

Il s'agit donc *de modifier ces circonstances, en modifiant les institutions*; nous employons peut-être de grands mots, mais nous ne proposons pas de grandes difficultés.

En effet, nous ne parlons pas ici des institutions consacrées par le pacte social ; mais tout simplement de la loi sur la police du roulage, d'une loi sur les remontes de l'armée ; d'un changement à la loi des douanes et de quelques modifications dans les règlements militaires.

Voilà tout ; ces difficultés sont-elles donc si grandes que l'on ne puisse entreprendre de les surmonter, quand il s'agit de doter le pays d'une armée, et d'assurer son indépendance et son intégrité ?

Nous savons que l'industrie ne se régente pas par des lois, et nous ne prétendons pas que l'on doive *décréter le cheval léger*; mais nous disons, qu'il faut le rendre usuel. Nous ne pensons pas, que si l'on remplace la charrette par le chariot, on aura tout fait pour avoir des chevaux de cavalerie ; mais nous croyons que tout deviendra plus facile à faire ; et nous comptons sur cette mesure pour entretenir économiquement la bonne viabilité de nos routes, qui est elle-même un sujet digne de tout notre intérêt, et une condition nécessaire de notre système.

Sans doute, ce système comporte des objections : ainsi l'on a pu faire remarquer que les pays à chariot n'étaient pas les meilleurs pays à chevaux ; mais ceci tient aux circonstances locales et particulières.

On peut dire aussi que l'établissement de bonnes voies de communication n'amène pas toujours l'emploi de chevaux plus légers, et que l'on profite souvent de ces facilités nouvelles pour traîner de plus lourds fardeaux. Nous ne le nions pas, mais nous appelons sur cet abus, l'action d'une législation libérale et prévoyante.

C'est ici que la loi sur la police du roulage doit intervenir, et alors il faudra que l'industrie cherche à récupérer sur la célérité des transports, par l'emploi de véhicules plus légers et de.moteurs plus rapides, les avantages qu'elle trouvait à l'emploi de moteurs plus puissants.

L'agriculture sans doute est intéressée dans la question, mais d'après nos principes elle n'est point lésée; car le cheval léger tel que nous le comprenons est propre aux différents travaux de la culture. Par l'adoption de notre système, le surcroît de dépenses qu'il faudrait faire dans certaines circonstances exceptionnelles, serait remboursé et bien au delà, par les bénéfices.

Pour assurer ces bénéfices, il faut modifier la loi de douanes, quelques règlements militaires, mais avant tout, il faut changer la loi sur les remontes de l'armée.

On apprécie généralement la nécessité d'accorder à l'éleveur un prix rémunérateur et avantageux : mais l'adoption de ce principe si vrai a donné naissance à une erreur dont il faut se garder, erreur où sont tombés beaucoup de bons esprits. Elle consiste à croire que l'on peut trouver à la question chevaline une solution plus facile que celle par nous proposée, et à penser, que cette question est tout simplement une question d'argent.

Cette erreur nous entraînerait dans une périlleuse illusion.

Pour l'apprécier, jetons nos regards en arrière.

A partir de 1828 la guerre a élevé ses tarifs et cependant elle se plaint de voir diminuer le nombre des chevaux de troupes, tandis que la production générale s'est accrue.

Nous avons déjà dit que des augmentations graduelles et insignifiantes dans les tarifs ne pouvaient influer sur la production du cheval léger.

Les efforts du ministère de la guerre bornés à ces augmentations, n'ont pas été en rapport avec le mouvement imprimé tout à la fois à la production et à la consommation du cheval de trait, par les besoins nouveaux de l'industrie ; puis, ces efforts se sont traduits d'une manière vicieuse parce que, suivant nous, le système de remonte est défectueux. Il y a eu ici, dit M. de Dombasle ; « un consommateur maladroit « qui n'a jamais su tirer parti de son rôle d'acheteur « pour exciter la production. » Sans doute la consommation de la guerre est peu de chose comparée à celle du commerce, et en ce sens, l'élévation des prix de la guerre ne peut détourner de la production réclamée par le commerce. Toutefois, comme il est incontestable que l'Etat est un énorme consommateur par rapport au chiffre de la production de l'espèce qu'il achète, les efforts de l'administration de la guerre auraient dû avoir plus de succès. Ils ont échoué, parce qu'ils ont été circonscrits et amoindris, en quelque sorte, par le

système actuel des remontes, système que nous croyons
devoir appeler déplorable.

Voici ce qui est arrivé : d'un côté le commerce
presque entier poussait à la production du cheval de
trait; d'un autre côté, le ministère de la guerre seul
demandait des chevaux légers.

Si du moins cet unique consommateur s'était fait re-
présenter d'une manière multiple, en adoptant l'achat
par les régiments; si les agents divers, employés par
lui, luttant ensemble de zèle et d'ardeur, se fussent
montrés partout, en concurrence avec le commerce,
en concurrence même entre eux; les producteurs auraient pu se fier à des besoins proclamés par plusieurs
voix, à des demandes faites par plusieurs bouches.

Au lieu de cela, l'administration de la guerre isolée
dans ses besoins, s'est isolée dans ses achats.

Elle a organisé en faveur des officiers de remontes
un monopole dont elle souffre aujourd'hui, dont plus
tard elle sera victime; car le commerce veut de la li-
berté, vit par la concurrence, et périt par le monopole.

« Or, dans les dépôts de remonte on semble s'être
« plu à étendre jusqu'à leurs dernières limites, les ef-
« fets de ce monopole, en greffant sur le monopole gé-
« néral exercé par le gouvernement, le monopole de
« chaque dépôt dans sa circonscription et ensuite le
« monopole de chaque officier acheteur dans la subdi-
« vision qui lui est affectée. » (M. de Dombasle).

Il est résulté de cette vicieuse organisation, que les
producteurs, au lieu de se mettre à la merci des officiers
acheteurs, et de subir les exigences et la mobilité des
règlements administratifs, ont préféré diriger leur pro-

duction dans le sens des besoins du commerce, et abandonner la fourniture des chevaux de troupe.

Il en est résulté que l'hostilité s'est déclarée dans quelques pays entre les producteurs et les agents de l'administration (1).

Dans de semblables circonstances, le bien n'est plus faisable, c'est évident.

Cependant, si l'administration de la guerre consent à payer des prix supérieurs à ceux du commerce, elle conservera sans doute quelques fournisseurs, même avec le système actuel de remonte; mais ces fournisseurs finiront toujours par s'éloigner, quand les prix tendront à se niveler, ce qui doit inévitablement arriver.

De ce moment ils chercheront à se soustraire au monopole qui, pour eux, n'aura plus que des inconvénients.

Admettons toutefois qu'ils consentent à le supporter, parce qu'ils y trouveront un bénéfice constant. Ce bénéfice ne peut toujours exister que sur les chevaux qu'ils fourniront habituellement à la guerre, c'est-à-dire sur 5, 7, ou 10,000, suivant les phases variables du budget.

Mais ce bénéfice ne peut les engager à entretenir un nombre de chevaux supérieur aux besoins ordinaires.

Pour les besoins extraordinaires, pour le passage du pied de paix au pied de guerre, nous resterions tou-

---

(1) En 1842 une pétition des délégués des cultivateurs et éleveurs de l'arrondissement de Caen (Calvados), revêtue des noms les plus recommandables et les plus importants dans l'industrie chevaline, a été distribuée aux deux Chambres; elle demandait la suppression des dépôts de remonte.

jours sans ressources ; ainsi la question ne serait pas résolue.

Elle ne peut l'être pécuniairement, parce que les ressources obtenues au moyen de sacrifices pécuniaires, seront toujours et nécessairement limitées.

Pour résoudre cette question, il n'y a qu'un moyen, celui que nous avons indiqué.

Il faut constituer une réserve ; cette réserve doit se trouver pour nos troupes à cheval dans la population chevaline, comme la réserve de la marine militaire se trouve dans la marine marchande, comme la réserve de l'armée se trouve dans la nation, ou au moins dans la garde nationale mobile.

C'est toujours à ce principe qu'il faudra revenir quand on aura cessé de s'effrayer des difficultés que l'on redoute, et qui paraissent d'autant plus grandes qu'on les regarde de plus loin.

Nous croyons avoir montré qu'elles sont moindres qu'on ne le supposait d'abord, nous finirons en disant : « que pour nous, les obstacles sont bien moins dans les » choses que dans les hommes. »

Extrait du Rapport fait au nom de la Commission chargée de l'examen du projet de budget pour l'exercice de 1844,

Par M. Bignon,

Député de la Loire-Inférieure.

La question des remontes si controversée et si périodiquement discutée dans les Chambres et dans les Commissions de finances, nous a également beaucoup préoccupés. Nous n'avons pas la prétention de lui donner une solution, mais comme nous ne pensons pas qu'elle puisse être obtenue par les moyens vers lesquels paraissent tendre tous les efforts de l'administration de la guerre, la Commission considère comme un devoir de s'opposer au développement d'un système qui est onéreux au trésor et qui ne lui paraît d'aucune utilité pour atteindre le but que tout le monde doit se proposer, l'élève du cheval de cavalerie, et, par conséquent, une bonne et facile remonte. Nous avons déjà eu l'occasion de le dire dans une autre partie de ce rapport, l'Administration ne peut pas se livrer avec écouomie, avec succès, à l'élevage du cheval; cela nous paraît être du domaine de l'industrie privée. Ce que nous reconnaissons, c'est que le gouvernement seul a les moyens de fournir, sur une grande échelle, les types régénérateurs, et que, comme il y a là un grand intérêt public, il doit faire les sacrifices que cet intérêt commande; car tout le monde reconnaît que, d'une part, l'éleveur ne peut pas se procurer ces types d'un grand prix, et que, de l'autre, le Gouvernement, mieux placé pour apprécier les besoins généraux, doit, par le choix et la diversité des races d'étalons, leur répartition selon les conditions du sol et du climat, et la direction de la remonte, donner satisfaction à tous les intérêts qui se rattachent à l'éducation et à la propagation de la race chevaline. Ceci posé, qu'y a-t-il à faire pour que la production s'étende et que la remonte de la cavalerie, dont nous nous occupons particulièrement en ce moment, soit facile? Deux choses qui étaient indiquées dans le rapport de nos prédécesseurs : un prix rémunérateur et des achats réguliers; avec cela et de bons choix d'étalons de cavalerie légère répartis convenablement dans les pays d'élevage, vous obtiendrez facilement les quelques milliers de chevaux que réclame annuellement le service de la guerre.

Maintenant faut-il, pour atteindre ce but, que deux administrations soient chargées concurremment de fournir aux éleveurs les moyens de reproduction? N'est-ce pas assez d'avoir fondé à grands frais une administration forte et nombreuse des haras qui a étendu sur tout le pays ses moyens d'action; faut-il que parallèlement, ou plutôt concurremment avec elle, l'administration de la guerre établisse des dépôts d'étalons dans ses dépôts de remonte, et cela sous le prétexte que l'on met en communication les officiers chargés de la remonte et les éleveurs ? Le but ne suffirait pas pour justifier les moyens; la Commission serait plutôt disposée à penser que l'administration de la guerre en avait un autre, et que, sans la décision de la Chambre de 1842, elle aurait poursuivi la pensée de remonter elle-même sa cavalerie légère, particulièrement en achetant de jeunes poulains pour les faire élever d'abord par les fermiers, puis en les plaçant dans des établissements de remonte qu'elle multipliait et qu'elle étend encore, ainsi que nous aurons l'occasion de l'indiquer à la Chambre. Nous ne voulons témoigner de cette tendance que par quelques chiffres.

En 1841, 60,000 fr. avaient été spécialement affectés à l'achat de quelques étalons (art. 3 du chapitre) pour placer dans des dépôts de remonte; pareille somme avait été allouée en 1842 : voici les faits réalisés :

En 1841, on a prélevé sur les articles 1er et 2 du chapitre des remontes :

127,832 pour achat d'étalons.

23,460 — de 104 poulains.

151,292

En 1842, 78,000 pour achats d'étalons.

22,415 — de 94 poulains.

100,415

. . . .

. . . .

Revenant à la question qui nous est déférée par le budget, l'examen de la dépense proposée de 120,000 francs, pour achat d'étalons pour le service des établissements de remonte, nous disons *que la pensée des Chambres s'est manifestement exprimée dans la session de* 1842, quant à l'utilité de ces dépôts d'étalons, en supprimant l'ancienne allocation de 60,000 fr. Cette pensée, que nous partageons et qui se fortifie de l'avantage qui nous semble résulter de la concentration au Ministère de l'agriculture et du commerce de tous les éléments de la reproduction de la race chevaline en France, nous déterminé à supprimer le nouveau crédit de 120,000 fr. proposé, et à inviter M. le Ministre de la guerre à remettre les 30 étalons, actuellement existants dans les dépôts de remonte, à l'administration des haras.

Extrait des notes économiques sur l'Administration des richesses et la Statistique agricole de la France. (1)

Nous nous sommes permis de dire, contrairement à l'opinion généralement émise et admise aujourd'hui, que l'industrie chevaline était non seulement assez développée en France, en proportion des autres spéculations sur le bétail, mais qu'elle l'était évidemment trop, et qu'il fallait la restreindre, en diminuant le nombre des juments poulinières ou mulassières, et encourageant seulement les producteurs à changer la direction de leurs spéculations, commandées aujourd'hui par le mauvais état des communications, où le mulet a sur le cheval une supériorité marquée ; le cheval pesant sur le cheval léger, etc. : en sorte que l'industrie privée, qui, plus intelligente que l'administration, n'impose point de tarifs à la production et paie ce qui lui est utile aux prix que détermine le rapport naturel de l'offre à la demande, a surexité la production du mulet et du cheval de trait aux dépens du cheval de guerre, que les travaux publics ne savaient pas lui approprier en améliorant nos canaux et nos routes, et que la Guerre a l'intelligence de ne pas savoir payer assez cher pour compenser cette circonstance.

Le Comice hippique, récemment institué, entreprend, dit-on, d'obtenir une augmentation du tarif de la Guerre, de 50 pour 100 ; ce n'est aujourd'hui qu'une proportion sage et une œuvre excellente à réaliser, pourvu qu'on renonce dans l'application à ce niveau ridicule de tous les tarifs possibles, qui empêche toujours

(1) Par **royer**, directeur du *Moniteur de la Propriété*, membre correspondant de la Société royale d'agriculture.

d'acheter certains produits exceptionnels, les uns aussi chers, les autres aussi bon marché qu'ils valent en réalité. D'ailleurs, il faudrait qu'un tarif, pour être bon, fût tenu en harmonie avec le rapport de la valeur des choses ; autrement, ce qui était juste en 1815 peut être absurde en 1842.

Mais revenons aux preuves de notre proposition. Ce sont des juments qui produisent les mulets, et si l'industrie privée leur donne des ânes pour étalons, elle leur donnerait tout aussi bien des chevaux, voire des chevaux de guerre, si elle y trouvait le même profit ; or, réunissant le commerce extérieur des chevaux et des mulets, nous trouvons :

Importations.	Chevaux. . .	15,029	têtes, évaluées	4,216,969 fr.
	Mulets. . . .	779		239,760
	Total. . . .	15,028		4,456,729 fr.
Exportations.	Chevaux. . .	3,498	têtes, évaluées	1,094,810 fr.
	Mulets. . . .	13,628		4,087,932
	Total. . . .	17,126	têtes, évaluées	5,182,752 fr.

Ainsi, tandis que notre production bovine, ovine, porcine et même caprine, est manifestement et de beaucoup insuffisante, nos exportations, et par conséquent notre production chevaline, avec son annexe, la production mulassière, excède tous nos besoins de 1,298 têtes en moyenne, chaque année, qui procurent à la nation un solde commercial de 726,013 fr. Nous croyons qu'il n'a rien été dit encore qui puisse parler plus haut en faveur des éleveurs français contre l'administration de la guerre, le système anti-national des remontes à l'étranger, et le tarif actuel pour les chevaux de cavalerie.